VENTE

Samedi 27 Décembre 1913

Hôtel Drouot, Salle

TABLEAUX

MODERNES

Œuvres importantes de GUILLAUMIN

COMMISSAIRE-PRISEUR

Me F. LAIR-DUBREUIL

EXPERT

M. JOS. HESSEL

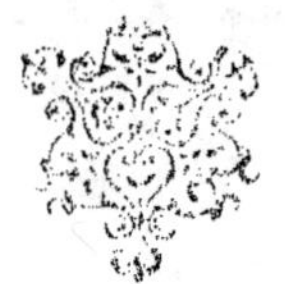

CATALOGUE

DE

TABLEAUX

MODERNES

Aquarelles, Pastels et Dessins

PAR

BOUDIN, CARAN-D'ACHE, CHÉRET, E. DETAILLE
FORAIN, HARPIGNIES, PICASSO
H. PILLE, PUVIS DE CHAVANNES, ROZIER, L. SIMON
SEYSSAUD

Œuvres importantes de GUILLAUMIN

DONT LA VENTE AUX ENCHÈRES PUBLIQUES AURA LIEU

HOTEL DROUOT, SALLE N° 7

Le Samedi 27 Décembre 1913

à 3 heures

COMMISSAIRE-PRISEUR

Mᶜ F. LAIR-DUBREUIL

6, rue Favart, 6

EXPERT

M. JOS. HESSEL

26, rue La Boétie, 26

EXPOSITION PUBLIQUE

Le Vendredi 26 Décembre 1913, de 2 heures à 6 heures.

CONDITIONS DE LA VENTE

Elle sera faite au comptant.

Les adjudicataires paieront *dix pour cent* en sus des prix d'adjudication.

Paris. — Imp. Georges Petit, 12, rue Godot-de-Mauroi. — 23414-13.

TABLEAUX MODERNES

BOUDIN

1 — *Le Port.*

Étude portant le cachet de la vente.

Toile. Haut., 40 cent.; larg., 55 cent.

GUILLAUMIN

2 — *Effet de neige.*

Haut., 45 cent.; larg., 54 cent.

GUILLAUMIN

3 — *Environs de Pontoise.*

Toile. Haut., 46 cent.; larg., 60 cent.

GUILLAUMIN

4 — *La Pointe de la Douane, Saint-Palais.*

Toile. Haut., 65 cent.; larg., 81 cent.

GUILLAUMIN

5 — *Prairie des Asphodèles, Agay.*

Toile. Haut., 65 cent.; larg., 90 cent.

GUILLAUMIN

6 — *Saint-Servan. La Rosay.*

Toile. Haut., 65 cent.; larg., 81 cent.

GUILLAUMIN

7 — *Les Bords de la Rance, Saint-Servan.*

Toile. Haut., 65 cent.; larg., 81 cent.

GUILLAUMIN

8 — *Les Mines de Crozant.*

Toile. Haut., 72 cent.; larg., 90 cent.

Vente Tavernier, 1900.

GUILLAUMIN

9 — *Les Meules.*

Toile. Haut., 90 cent.; larg., 1 m. 20.

GUILLAUMIN

10 — *La Rivière.*

Toile. Haut., 65 cent.; larg., 54 cent.

GUILLAUMIN

11 — *Pontcharra : Vallée de l'Isère.*

Toile. Haut., 61 cent.; larg., 81 cent.

GUILLAUMIN

12 — *Prairie, à Épinay-sur-Orge.*

Toile. Haut., 65 cent.; larg., 54 cent.

GUILLAUMIN

13 — *Bords de la Seine. Soleil couchant.*

Toile. Haut., 25 cent.; larg., 33 cent.

GUILLAUMIN

14 — *L'Étang.*

Toile. Haut., 33 cent.; larg., 45 cent.

PICASSO

15 — *La Marchande de fleurs.*

Carton. Haut., 35 cent.; larg., 52 cent.

PICASSO

16 — *Le Square.*

Carton. Haut., 31 cent.; larg., 45 cent.

ROSIER (A.)

17 — *Le Grand Canal, à Venise.*

Bois. Haut., 25 cent.; larg., 35 cent.

ROSIER (A.)

18 — *Venise.*

Bois. Haut., 20 cent.; larg., 30 cent.

ROSIER (A.)

19 — *Venise.*

Bois. Haut., 23 cent.; larg., 32 cent.

SEYSSAUD

20 — *La Route.*

Toile. Haut., 60 cent.; larg., 81 cent.

SEYSSAUD

21 — *La Moisson.*

Toile. Haut., 50 cent.; larg., 65 cent.

SEYSSAUD

22 — *Bords de la Méditerranée.*

Toile. Haut., 50 cent.; larg., 73 cent.

SEYSSAUD

23 — *Sainfoin et coquelicot.*

Carton. Haut., 30 cent.; larg., 50 cent.

SEYSSAUD

24 — *La Moisson.*

Carton. Haut., 30 cent.; larg., 48 cent.

SEYSSAUD

25 — *Le Matin sur la mer.*

Carton. Haut., 35 cent.; larg., 52 cent.

SEYSSAUD

26 — *Labourage.*

Carton. Haut., 35 cent.; larg., 50 cent.

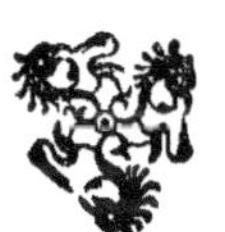

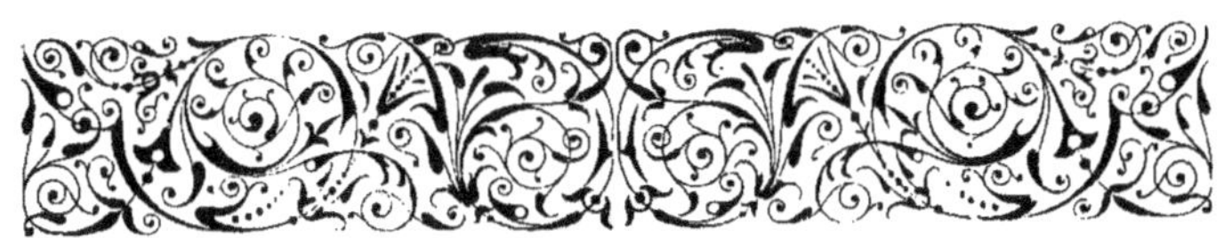

AQUARELLES, PASTELS
ET DESSINS

BOUDIN

27 — *Le Bateau. — Repos des pêcheurs.*
Deux dessins dans un même cadre.

BOUDIN

28 — *Soleil couchant.*
Pastel.

BOUDIN

29 — *Bords de la mer.*
Pastel.

BOUDIN

30 — *Le Matin.*
Pastel.

BOUDIN

31 — *Embarquement. — Le Canot. — Départ pour la pêche. — Les Pêcheurs.*

Quatre dessins dans un même cadre.

BOUDIN

32 — *Le Soir.*

Pastel.

CARAN D'ACHE

33 — *Jean Hiroux.*

Trois dessins dans un même cadre.

CHÉRET

34 — *Le Carnaval.*

Pastel.

DETAILLE

35 — *Le Dernier Amant de la reine Pomaré.*

Dessin.

DETAILLE

36 — *Le Soldat couronné.*

Dessin.

FORAIN

37 — *La Visite.*

Dessin.

FORAIN

38 — *Le Monologue.*

Dessin.

GUILLAUMIN

39 — *Paysage.*

Pastel.

GUILLAUMIN

40 — *Le Repos.*

Pastel.

GUILLAUMIN

41 — *La Prairie.*

Pastel.

GUILLAUMIN

42 — *La Seine.*

Pastel.

GUILLAUMIN

43 — *Les Usines.*

Pastel.

HARPIGNIES

44 — *Le Soir.*

Dessin.

PILLE (Henri)

45 — *Conversation.*

Dessin.

PUVIS DE CHAVANNES

46 — *Le Repos.*

Dessin.

SIMON (Lucien)

47 — *Bretonnes.*

Aquarelle.

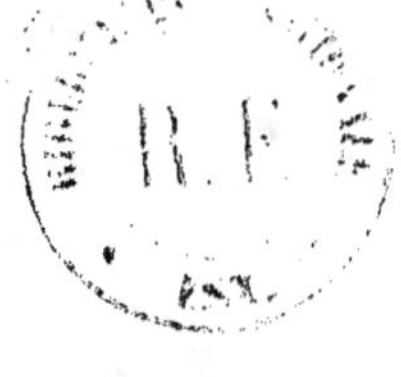

www.ingramcontent.com/pod-product-compliance
Lightning Source LLC
LaVergne TN
LVHW010905180726
843502LV00010B/3974